CLASE S
DE MERCEDES-BENZ

Un libro de Las Ramas de Crabtree

Tracy Nelson Maurer
Traducción de Santiago Ochoa

CRABTREE
Publishing Company
www.crabtreebooks.com

Apoyos de la escuela a los hogares para cuidadores y maestros

Este libro de gran interés está diseñado con temas atractivos para motivar a los estudiantes, a la vez que fomenta la fluidez, el vocabulario y el interés por la lectura. Las siguientes son algunas preguntas y actividades que ayudarán al lector a desarrollar sus habilidades de comprensión.

Antes de leer:

- *¿De qué creo que trata este libro?*
- *¿Qué sé sobre este tema?*
- *¿Qué quiero aprender sobre este tema?*
- *¿Por qué estoy leyendo este libro?*

Durante la lectura:

- *Me pregunto por qué...*
- *Tengo curiosidad por saber...*
- *¿En qué se parece esto a algo que ya conozco?*
- *¿Qué he aprendido hasta ahora?*

Después de la lectura:

- *¿Qué intentaba enseñarme el autor?*
- *¿Qué detalles recuerdo?*
- *¿Cómo me han ayudado las fotografías y los pies de foto a comprender mejor el libro?*
- *Vuelvo a leer el libro y busco las palabras del vocabulario.*
- *¿Qué preguntas me quedan?*

Actividades de extensión:

- *¿Cuál fue tu parte favorita del libro? Escribe un párrafo al respecto.*
- *Haz un dibujo de lo que más te gustó del libro.*

ÍNDICE

Lujo de clase mundial 4
Belleza esculpida 6
Mimos a los pasajeros 12
Opciones poderosas 16
La seguridad es en serio 20
Primero en primeros 24
Leales en todas partes 28
Glosario 30
Índice analítico 31
Sitios web 31
Acerca de la autora 32

LUJO DE CLASE MUNDIAL

La actitud de Mercedes-Benz ha sido: «Lo mejor o nada» desde que la compañía comenzó en 1926. Hoy en día, la Clase S de la compañía reina entre los vehículos de lujo más importantes del mundo. La Clase S incluye autos de tamaño completo, limusinas y vehículos blindados. El sedán **emblemático** de cuatro puertas de la Clase S tiene un precio inicial de aproximadamente $96 000 dólares.

En 1954, Mercedes-Benz presentó su *Sonderklasse*, que significa «clase especial» en alemán. Con el tiempo se acortó a Clase S.

Durante muchos años, las opciones de dos puertas de la Clase S incluyeron el **coupé** y el convertible. La compañía fabricó el último de estos autos en 2021 para enfocarse en modelos más populares.

Los convertibles se llaman cabriolet en muchos países europeos. El cabriolet Clase S tiene un precio inicial de aproximadamente $185 400 dólares.

BELLEZA ESCULPIDA

El sedán Clase S parece acero esculpido. El elegante diseño cuenta con manijas de puerta suaves que se abren cuando el conductor se para cerca de la puerta con el llavero. Los detalles **cromados** sobre las luces traseras horizontales y en los lados inferiores resaltan su elegante estilo.

La tienda de lujo de Saks Fifth Avenue ofreció 20 sedanes Mercedes-Benz S600 de edición especial en su catálogo de Navidad de 2005. Con un precio de $145 000 dólares cada uno, se agotaron en menos de siete minutos.

Rediseñado en 2021, el sedán Clase S es 1.3 pulgadas (3.3 cm) más largo y 2 pulgadas (5 cm) más ancho que los modelos anteriores. Esto añade espacio para el pasajero y el maletero.

Los modelos S500 y S580 disponibles en los EE. UU. vienen con tracción 4Matic en las cuatro ruedas, para un control de adherencia a la carretera.

Mercedes-Benz desarrolló el E-Active Body Control con una función automática que inclina suavemente el automóvil en las curvas, como una motocicleta.

La tecnología avanzada de la Clase S brinda al conductor del sedán ayuda adicional detrás del volante. Un sistema escanea la carretera 1 000 veces por segundo para ajustarse y brindar una conducción controlada. Otro sistema alerta al conductor si el automóvil se desvía de su carril. El auto también se puede estacionar solo.

АЗБУКА ВКУС
х422мм 197
х018ст 777

MIMOS A LOS PASAJEROS

En el sedán Clase S estar en el asiento del conductor se siente como estar en una nube personal. Casi 20 motores trabajan en ajustar la posición del asiento para brindar la comodidad perfecta. Incluso los asientos traseros se reclinan y tienen reposapiés. También masajean y envuelven a cada pasajero en una relajante calidez.

Más de 250 luces **LED** crean un ambiente agradable dentro de este sofisticado auto.

Hasta cinco pantallas brindan información y entretenimiento. Detrás del volante, el grupo de indicadores digitales funciona con otra tecnología para crear un efecto tridimensional en la enorme pantalla central. Las flechas de **navegación** también se proyectan en la ventana frontal. Las pantallas gemelas de los asientos traseros y un sistema estéreo opcional de 22 bocinas sacuden la cabina.

El sedán utiliza seguimiento ocular en tiempo real, reconocimiento facial y escaneo de huellas dactilares para ajustar los sistemas del automóvil al conductor y aumentar la seguridad.

OPCIONES PODEROSAS

Los compradores de Mercedes-Benz Clase S a menudo eligen entre el modelo S500 o S580. El motor es la principal diferencia, y ambos ofrecen una gran cantidad de **caballos de fuerza**.

- S500: motor **turboalimentado** de seis cilindros y 3.0 litros para 429 caballos de fuerza
- S580: motor V-8 biturbo de 4.0 litros para 496 caballos de fuerza

La tecnología electrónica a bordo limita la velocidad máxima de los autos Clase S en los EE. UU. a 130 mph (209 km/h).

Los modelos Clase S Mercedes-Benz Maybach S580 y S650 atraen a propietarios de **élite**. Los Maybach son más largos y MUCHO más elegantes por dentro que otros vehículos. También tienen superpoderes debajo del capó. El S650 se lanza como un cohete con un motor V12 biturbo de 6.0 litros para 621 caballos de fuerza. ¡También es más caro que la mayoría de los autos: su precio inicial es de $200 000 dólares!

Un sedán más veloz, el Mercedes-Maybach vuela de 0 a 60 mph (97 km /h) en solo 4.6 segundos.

LA SEGURIDAD ES EN SERIO

Para proteger a los pasajeros, Mercedes-Benz construyó la primera **zona de absorción** en 1959 y el primer sistema de bolsas de aire en 1980. Los sedanes actuales de la Clase S lideran la industria del automóvil: cuentan con bolsas de aire en los asientos traseros y un sistema que, en un choque, levanta el automóvil para reducir el impacto.

TRANSPORTS
JIGE
INTERNATIONAL

Los autos autónomos y seguros podrían ser el próximo paso para Mercedes-Benz. Estos autos se conducen a sí mismos en carreteras lentas y concurridas, lo que permite que el conductor preste menos atención a la carretera mientras atiende sus asuntos.

MBHK 3

PRIMERO EN PRIMEROS

Durante su larga historia, Mercedes-Benz se ha ganado la **reputación** de establecer récords en el autódromo. La compañía patrocinó a la piloto Ewy Rosqvist en 1962. Fue la primera mujer en ganar el Gran Premio de Argentina. También estableció un récord por terminar tres horas antes que los demás.

Ewy Rosqvist (derecha)

Muchos expertos creen que el Benz Patent Motorwagen de 1886 fue el primer automóvil del mundo. Fue construido por Karl Benz, y su esposa Bertha fue la primera conductora.

Karl Benz

Bertha Benz

Hoy, Mercedes-Benz quiere establecer los más altos estándares de fábrica para reducir los efectos nocivos sobre el medio ambiente. La gente también le importa. La compañía pintó las palabras «Acabemos con el racismo» en cada uno de sus autos de carrera Silver Arrow.

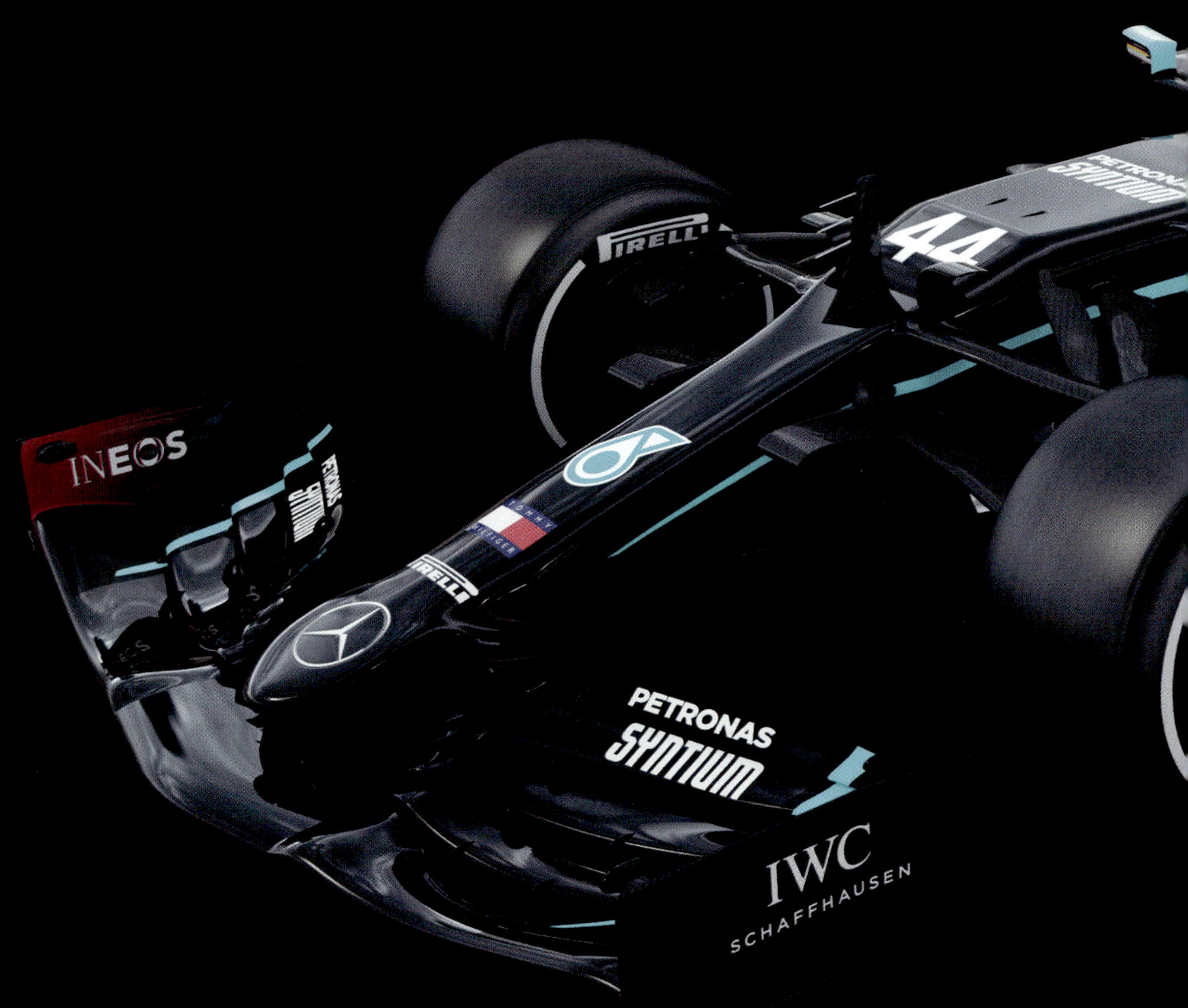

Durante la temporada de carreras de 2020, Mercedes-Benz instó a los fanáticos a apoyar a *todas las personas* en el deporte, en los negocios y en la vida.

LEALES EN TODAS PARTES

Mercedes-Benz opera 93 ubicaciones en todo el mundo y tiene su sede en Stuttgart, Alemania. La línea de lujo de la Clase S continúa atrayendo clientes leales en todas partes. ¡Esperan lo mejor o nada!

En Estados Unidos, el 70 por ciento de los propietarios de Mercedes-Benz vuelven a comprarle a la marca su próximo vehículo. Son fieles seguidores.

GLOSARIO

caballos de fuerza Unidad para medir la potencia de un motor.

coupé Un automóvil de dos asientos.

cromados Metales plateados y brillantes utilizados para protección o decoración.

élite Gente muy rica o importante.

emblemático El vehículo líder o más importante de un grupo.

LED Significa «diodo emisor de luz», un tipo de fuente de luz.

navegación Encontrar una ubicación y proporcionar direcciones a otra.

reputación Un juicio sobre algo o alguien.

turboalimentado Construido con un dispositivo que empuja aire adicional al motor para obtener más potencia.

zona de absorción Parte de un vehículo diseñada para absorber energía en un choque.

ÍNDICE ANALÍTICO

asiento(s) 12, 14, 20
autónomos 22
convertible(s) 5
Maybach 18, 19
motor(es) 12, 16, 18
pasajero(s) 8, 12, 20
seguridad 15, 20
tecnología 10, 14, 17

SITIOS WEB (PÁGINAS EN INGLÉS):

www.dkfindout.com/us/transportation/history-cars

www.caranddriver.com/mercedes-benz/s-class

https://carbuzz.com/cars/mercedes-benz/s-class/2021

ACERCA DE LA AUTORA

Tracy Nelson Maurer

Tracy Nelson Maurer ha escrito más de 100 libros de no ficción para jóvenes lectores. Vive en Minnesota, donde conduce felizmente una minivan.

Reconocemos que algunas palabras, nombres de modelos y denominaciones, por ejemplo, mencionados en este libro, son propiedad del dueño de la marca registrada. Los usamos únicamente con propósitos de identificación. Esta no es una publicación oficial.

Produced by: Blue Door Education for Crabtree Publishing
Written by: Tracy Nelson Maurer
Designed by: Jennifer Dydyk
Edited by: Kelli Hicks
Proofreader: Janine Deschenes

Translation to Spanish: Santiago Ochoa
Spanish-language layout and proofread: Base Tres
Print and production coordinator: Katherine Berti

Photographs: Cover: Logo graphic © Shutterstock.com/officeku, speedometer © Shutterstock.com/Panuwatccn, shiny car hood top left and throughout book © Shutterstock.com/ Inked Pixels, Mercedes cover photo © Artzzz| Dreamstime.com, Title: ©Artzzz| Dreamstime.com, PG 4: ©Hanohiki| Dreamstime.com (top), ©Sergey Kohl| Dreamstime.com, PG 5: © filmfoto/istock.com (top), ©Grzegorz Czapski| Dreamstime.com, PG 6: ©Jack Skeens / Shutterstock.com, PG 7: © DoubleBoris / Shutterstock.com, PG 8: ©Artur_Nyk / Shutterstock.com (spread), © Stanislav Sablin/istock.com, PG 9: © AdrianHancu/istock.com (inset), PG 10: © Mike Mareen / Shutterstock.com (spread), © Tadeáš Skuhra| Dreamstime.com (inset), PG 11: © Konev Timur/istock.com (inset), PG 12-13: © Artur_Nyk / Shutterstock.com (spread), PG 13: ©Vitalij Sova| Dreamstime.com (inset), PG 14-15: ©Artur_Nyk / Shutterstock.com, PG 16: ©Timur Konev| Dreamstime.com, PG 17: ©Daimler AG. All Rights Reserved (all), PG 18-19: ©Daimler AG. All Rights Reserved (all), Kanye West photo © Editorial credit: Tinseltown / Shutterstock.com, PG 20: ©atlantic-kid/istock.com, PG 21: ©Daimler AG. All Rights Reserved (inset), ©AdrianHancu/istock.com, PG 22: ©Gabo_Arts / Shutterstock.com (spread), PG 23: Teddy Leung / Shutterstock.com (top), ©Konstantin Grigorev| Dreamstime.com, PG 24: ©Shyripa Alexandr / Shutterstock.com (bottom), ©Ewy_Rosqvist_Public Archives, PG 25: ©Daimler AG. All Rights Reserved (top), Benz Portraits public domain images, PG 26-27: ©Daimler AG. All Rights Reserved. Mercedes Benze Racing, PG 28: ©Tobias Arhelger / Shutterstock.com, PG 29: ©Teddyleung| Dreamstime.com (top), ©(null) (null)| Dreamstime.com

Library and Archives Canada Cataloguing in Publication

Title: Clase S de Mercedes-Benz / Tracy Nelson Maurer ; traducción de Santiago Ochoa.
Other titles: S-Class by Mercedes-Benz. Spanish
Names: Maurer, Tracy Nelson, 1965- author. | Ochoa, Santiago, translator.
Description: Series statement: Autos de lujo | Translation of: S-Class by Mercedes-Benz. | Includes index. | "Un libro de las ramas de Crabtree". | Text in Spanish.
Identifiers: Canadiana (print) 20210294256 | Canadiana (ebook) 20210294264 | ISBN 9781039613263 (hardcover) | ISBN 9781039613324 (softcover) | ISBN 9781039613386 (HTML) | ISBN 9781039613447 (EPUB) | ISBN 9781039613508 (read-along ebook)
Subjects: LCSH: Mercedes automobiles—Juvenile literature.
Classification: LCC TL215.M4 M3818 2022 | DDC j629.222/2—dc23

Library of Congress Cataloging-in-Publication Data

Available at the Library of Congress

Crabtree Publishing Company
www.crabtreebooks.com 1-800-387-7650

Published in the United States
Crabtree Publishing
347 Fifth Avenue
Suite 1402-145
New York, NY, 10016

Published in Canada
Crabtree Publishing
616 Welland Ave.
St. Catharines, Ontario
L2M 5V6

Printed in the U.S.A./092021/CG20210616